DES

FAILLITES,

(LIVRE III COD. COM.)

IMPRIMERIE DE MOQUET ET COMP.,
Rue de la Harpe, n. 90.

DES

FAILLITES,

(LIVRE III, COD. COM.)

ET

DES RÉFORMES

DONT CETTE MATIÈRE PARAIT SUSCEPTIBLE.

Par J.-B. Romiguière,

Avocat à la Cour royale de Paris.

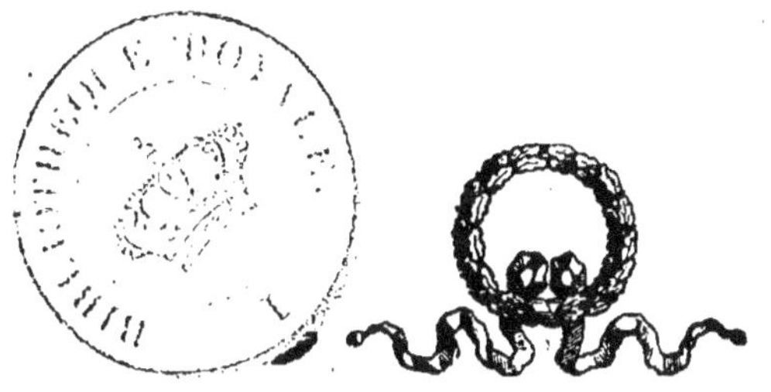

A PARIS,

CHEZ VIDECOQ, LIBRAIRE,

PLACE DU PANTHÉON, Nº 6;

RENARD, LIBRAIRE, RUE SAINTE-ANNE, Nº 71.

—

OCTOBRE **1833**.

AVIS.

Le livre des Faillites était depuis long-temps l'objet de réclamations graves et réitérées, lorsque M. le garde-des-sceaux fit, en 1827, un appel aux cours royales, aux chambres et aux tribunaux de commerce, pour recueillir des observations motivées et développées sur les améliorations et les modifications que l'intérêt général du commerce pourrait désirer voir introduire dans cette législation spéciale qu'on sentait le besoin de réviser.

Des événemens imprévus et des besoins bien autrement impérieux ne permirent pas alors de donner suite à ce projet utile. Mais il vient d'être repris avec plus d'activité par l'administration actuelle, et tout porte à croire que la réforme et les améliorations ne s'arrêteront que devant le danger de la désorganisation, le respect des droits acquis et la protection des intérêts des créanciers, combinés avec l'humanité due à la position des débiteurs.

C'est dès lors un devoir pour tout bon citoyen d'apporter, dans la discussion d'intérêts si graves, son tribut d'expérience ou de lumières, quelque faibles qu'elles soient ; car une doctrine même fausse et erronée fait souvent éclore chez ceux qui sont obligés de la réfuter, un principe fécond et utile.

Le tribunal de commerce de la Seine, composé

de l'élite des notabilités commerciales, et qui administre la justice à une si grande masse d'industriels dans tous les degrés de l'échelle sociale, était mieux à portée que personne d'apprécier les besoins de ses justiciables ; et la haute capacité de ses membres devait garantir la justesse de leurs réclamations. Aussi est-il entré le premier dans la lice ; et les observations qu'il a fournies sur le titre des faillites, sont empreintes de cette sagesse de vues, de cette haute raison et de cette intelligence des principes de la matière dont ses annales judiciaires fournissent chaque jour la preuve.

Un exemplaire de ce travail remarquable m'ayant été communiqué par un des membres les plus distingués de ce tribunal, j'ai pensé que, tout en approuvant la généralité des principes et des considérations qui y sont développés , et en s'associant de grand cœur à l'espoir de les voir accueillir , on pouvait cependant aller un peu plus loin que MM. les juges consulaires, et compléter une œuvre si bien commencée , par la demande de réformes et d'améliorations qui ont pu leur échapper , mais qui ne seraient peut-être pas désavouées par eux , car elles sont conçues dans le même esprit qui les a guidés.

Je partage en effet cette opinion émise par le tribunal de commerce, *que la législation actuelle sur les faillites semble renfermer tous les élémens néccessaires d'ordre et de répression , et que , s'il est vrai qu'elle est susceptible de perfectionnement, cependant je la crois, avec ses imperfections même, préférable à celle qui renverserait les principes sur lesquels elle est fondée.*

Si donc quelques réformes plus complètes que celles du tribunal de commerce m'ont paru possibles, c'est parce que ces réformes sont conciliables avec tous les principes protecteurs, qui n'en reçoivent aucune atteinte.

C'est sans doute témérité à un obscur interprète de la loi, de prétendre s'ériger en législateur. Aussi si je n'avais consulté que les intérêts bien entendus de mon amour-propre, j'aurais attendu en silence et seulement appelé de mes vœux, les améliorations qui nous sont promises; mais on m'a fait entendre qu'ayant étudié, pendant plusieurs années la théorie et la pratique de cette matière, je devais offrir, même à mes dépens, ce faible gage de mon amour pour le bien public.

Je livre donc à la discussion des personnes intéressées par position, sinon à la critique du public (car je n'ai pas la prétention de faire un ouvrage), ces notes, fruit de mes réflexions, peut-être un peu rapides et mal digérées : mon but sera atteint et je serai assez récompensé si elles peuvent être la source ou l'occasion d'une seule réforme utile.

Un traité complet des faillites serait déplacé ici.

Aussi ne relèverai-je des articles du code de commerce que ceux qui m'ont paru devoir être éclaircis, modifiés ou supprimés, et mes observations porteront sur chacun d'eux isolément, sans rappeller les principes étrangers à leur discussion. J'éprouve avant tout le besoin d'être court; et j'entrerai en matière sans autre préambule.

les élémens de décision, soit portée devant les tribunaux civils si mal placés pour rendre sur ce point prompte et bonne justice.

Un autre avantage non moins précieux naîtrait de la réforme, c'est l'économie du temps et des frais.

Il est déplorable que celui qui est passé par toutes les phases de la faillite et qui a vu engloutir la majeure partie ou peut-être la totalité de son actif dans ce désastre commun à lui et à ses créanciers, soit obligé, pour obtenir sa cession de biens, à recommencer, devant un autre tribunal, une procédure peut-être aussi longue et aussi dispendieuse que la première. Ne sera-t-il pas le plus souvent arrêté par l'impossibilité d'en payer les frais? et en ce cas est-il juste que la perte de sa liberté soit la conséquence, non de sa mauvaise foi, mais du vice de la législation?

D'ailleurs, si on conçoit l'utilité des précautions de publicité et autres imposées par la loi lorsqu'il s'agit d'un débiteur ordinaire, dont la justice n'a pu encore apprécier la moralité et la bonne foi, peut-on nier que ces mêmes précautions ne soient au moins superflues, pour ne rien dire de plus, à l'égard d'un failli dont tous les actes ont été scrutés avec bien plus de soin et de détails qu'en cas de cession ordinaire? et si le tribunal de commerce, après cet examen consciencieux fait par un de ses membres, prononce qu'il y a bonne foi, la justice ne doit-elle pas être satisfaite, et pourrait-on espérer un meilleur jugement par un nouvel examen devant le tribunal civil?

Il est donc vrai de dire que la mesure que je propose rétablirait l'harmonie dans le système du code, qu'elle produirait une économie considérable, et qu'elle garantirait une prompte et meilleure justice.

Son application toute simple ne froissera aucun principe et n'altérera aucune garantie, car les débiteurs non faillis resteront sous la protection du droit commun, et dès qu'il y aura faillite, l'intérêt de la justice exigeant qu'il soit sursis à statuer sur la cession, et celui du failli n'apparaissant même pas avant le contrat d'union, la mesure lui sera toute favorable puisqu'il y gagnera du temps et de l'argent.

Elle ne préjudiciera pas davantage aux créanciers, puisqu'ils seront appelés au jugement, et qu'ils pourront discuter leurs intérêts, au moins aussi avantageusement qu'en cas de cession devant les tribunaux civils.

Elle me semble donc mériter, sous tous les rapports, d'être prise en sérieuse considération.

Une chose digne de remarque, et que je ne dois pas omettre, c'est que cette réforme aboutit au résultat qu'avait proclamé un jugement du Tribunal de commerce que j'ai cité et combattu sur l'art. 562. Si la décision de ce Tribunal m'a paru inconciliable avec le caractère des jugemens d'excusabilité, et surtout avec le titre actuel de la cession, elle n'en prouve pas moins qu'une modification dans ce sens, est vivement sentie, puisqu'on a cherché à l'obtenir, même en faisant violence à la loi.

Art. 576.

La combinaison des art. 576 et suivans avec l'art. 2102 4° du Code civil, soulève une difficulté d'application d'autant plus fâcheuse qu'elle se présente fréquemment et qu'elle touche à de puissans intérêts. Je vais tâcher de préciser l'état de la question.

L'art. 2102 accorde au vendeur *d'effets mobiliers* un privilége sur le prix de la revente de ces effets, s'ils sont encore en la possession du débiteur, et l'interprétation qui a prévalu en jurisprudence (1) est celle qui entend ces mots *effets mobiliers* dans le sens le plus large, c'est-à-dire de tout ce qui n'est pas immeuble. Ainsi, en matière civile, on serait privilégié même sur des meubles incorporels.

(1) Cassation, arrêt 28 novembre 1827.

Mais l'art. 2102 porte qu'il n'est rien innové aux lois et usages du commerce sur la revendication.

En effet le Code de commerce a consacré des règles spéciales en cas de revendication , mais ces règles ne paraissent applicables qu'aux marchandises et aux remises en effets de commerce.

Ce serait une question bien délicate que celle de savoir quels sont les effets de la réserve portée en l'art. 2102. Faut-il en conclure que le Code de commerce, en permettant, dans certains cas, la revendication, a entendu abroger virtuellement dans ces mêmes cas l'exercice du privilége? ou bien au contraire, faut-il dire que l'un ne fait pas obstacle à l'autre, et que, par exemple, on pourrait exercer un privilége sur des marchandises qu'on ne pourrait plus revendiquer? La première opinion , qui paraît la moins rationnelle, a prévalu dans les usages commerciaux, et l'on juge assez généralement que la revendication a remplacé le privilége, de commerçant à commerçant.

Ceci convenu, la théorie qui en résulte est simple en doctrine , cependant elle prend un caractère fort grave lorsqu'on la soumet à l'épreuve de l'application.

Supposons la vente d'un fonds de commerce comprenant des meubles meublans, des marchandises , puis un achalandage, qui est souvent ce qu'il y a de plus précieux. Quelque temps après survient la faillite de l'acheteur. Le fonds de commerce est revendu par les syndics. Quels sont les droits du vendeur non payé ?

Si nous voulons appliquer la théorie que j'ai indiquée , nous dirons, que le privilége existe incontestablement sur les meubles meublans qui étaient encore en la possession du débiteur au moment de sa faillite ; qu'il n'y a pas revendication, ni conséquemment aucun privilége possible en ce qui concerne les marchandises ; mais que déciderons-nous à l'égard de l'achalandage ? c'est ici que la difficulté commence. Si l'on s'attache à l'interprétation généralement reçue sur l'art 2102, on sera forcé d'admettre, à moins

(44)

d'inconséquence, que l'achalandage étant un effet mobilier incorporel, qui n'est pas une marchandise, doit être soumis à l'exercice du privilége comme les meubles meublans.

Toutefois les tribunaux de commerce, et la Cour royale de Paris elle-même, résistent à cette interprétation qui, il faut bien en convenir, serait désastreuse pour le commerce. Je ne reproduirai pas les motifs de cette résistance consignés avec beaucoup de force et de logique, dans plusieurs décisions remarquables. Je me borne à constater la divergence qui existe sur ce point entre des autorités également respectables. Cette divergence prouve qu'il y a peut-être nécessité de modifier les principes du privilége du vendeur lorsqu'il y a faillite, et si l'on reconnaît que la jurisprudence des tribunaux de commerce est, sinon la plus conforme à la loi, du moins la plus en harmonie avec les besoins et les intérêts du commerce, pourquoi ne la consacrerait-on pas par une disposition additionnelle au titre de la revendication, laquelle pourrait être conçue à peu près en ces termes ? *Il n'y aura lieu à l'exercice du privilége du vendeur d'effets mobiliers, que dans les cas où la revendication est interdite par le code de commerce ; mais ce privilége n'aura jamais lieu pour la vente du mobilier incorporel.*

Ainsi on consacrerait les deux principes réclamés par le commerce.

Art. 584.

La difficulté de découvrir le vrai sens de cet article a donné lieu à des débats très-graves. Cette difficulté provient de l'interprétation du mot *créditeur* qu'on voit inséré pour la première fois dans une disposition de loi. Qu'a entendu le législateur par là ? A-t-il voulu autoriser la revendication par cela seul que celui qui aurait fait les remises, serait *créancier* par le résultat du compte courant ? Cette interprétation lèverait bien des difficultés ;

mais n'est-elle pas contraire à la lettre de la loi?

Le mot *créditeur* a un sens consacré dans les usages de la banque et du commerce ; ce sens n'est pas uniquement équivalent à celui de *créancier*, car on peut être créditeur sans être créancier. Il suffit pour cela qu'au crédit du compte courant figurent des sommes ou valeurs, encore bien que par la balance du débit, ces valeurs se trouvent absorbées et au de-là. On a été crédité, donc on est créditeur. Le législateur, en employant une expression technique et consacrée, a-t-il voulu la détourner de son acception reçue? cela est d'autant moins probable qu'on ne concevrait pas alors pourquoi le mot *créditeur* aurait été préféré pour une seule et unique fois à celui de créancier, si familier au législateur, et pourquoi on n'aurait pas dit simplement *créancier.* D'ailleurs la restriction *ne que* ne peut s'appliquer qu'au créditeur qui peut être à la fois *créditeur* et *débiteur*, tandis que le mot *créancier* ne souffre pas de modification : on l'est ou on ne l'est pas, d'une manière absolue. Enfin cette opinion est la seule qui donne un sens à tous les termes et à toutes les parties de l'article, tandis que dans le système contraire, ce dernier membre de l'article : *mais elle cessera* etc., ne présenterait qu'une répétition complètement inutile, puisque tout aurait été dit, dans la première partie.

A ces raisons tirées du texte de la loi, on pourrait ajouter des considérations puisées dans son esprit ; ainsi on comprend le motif qui a porté le législateur à autoriser la revendication seulement dans le cas où le compte courant de l'envoyeur des remises ne contiendrait aucun article à son débit; c'est qu'alors la loi présume avec raison que ces traites ont été adressées, pour la valeur en être laissée à la disposition du créancier, et cette présomption équivaut au mandat de recouvrer exigé par l'art. 583, qui en ce cas autorise la revendication. Que si au contraire une ou plusieurs sommes figurent au débit, la présomption du dépôt doit cesser, encore bien que par la balance du compte, l'envoyeur reste créancier des valeurs, parce qu'alors on peut supposer à ces valeurs une destination inconciliable avec le mandat de dépôt.

Malgré ces argumens qui me [paraissent très-puissans, le système contraire est plus généralement adopté dans le commerce et la jurisprudence des Cours royales. Il a paru plus facile, plus équitable, et plus en harmonie avec l'esprit général de la loi : d'ailleurs on a considéré que l'article entendu dans l'autre sens ne s'appliquerait presque jamais ; car il est bien difficile de supposer qu'un négociant, qui a un compte courant ouvert, n'ait aucun article porté à son débit.

Le législateur aura à choisir entre ces deux interprétations : s'il donne la préférence à la dernière, il est indispensable que les termes de l'art. 584 soient mis en harmonie avec le sens qu'on conviendra de lui attribuer.

Me voilà au terme de la tâche que je m'étais imposée, car j'ai dit toutes les améliorations dont je crois le livre des faillites susceptible. Il en est cependant d'autres que j'aurais aussi signalées si je n'avais été devancé par le Tribunal de commerce et qui les a trop bien motivées pour me permettre d'y revenir.

Je ne me dissimule pas que beaucoup de personnes désirent des réformes plus radicales, et s'en prennent à la législation de tous les abus et de toutes les fraudes qui marchent à la suite des faillites ; mais si ces personnes veulent y voir de plus près et prennent la peine de réfléchir aux précautions indiquées par la loi pour protéger les droits de tous, et à l'impuissance où serait un système quelconque, d'empêcher toutes les fraudes, sans faire de l'arbitraire, ces personnes acquerront, je n'en doute pas, la conviction que le livre des faillites, tel qu'il a été rédigé, est encore une œuvre assez bonne pour mériter qu'on la conserve , sauf, bien entendu , les modifications et les réformes dont l'expérience a démontré la nécessité.

Sans doute que même malgré ces réformes la fraude sera encore possible, et qu'il y aura des abus non réprimés; mais cela tiendra moins à l'imperfection de la loi qu'à la perversité de la nature humaine, et un peu aussi, il faut le dire, à l'indifférence de ceux qui , armés de moyens de répression suffisans, négligeront de s'en servir.

Je ne suis pas de l'avis de ceux qui pensent que l'introduction d'un ministère public dans la procédure des faillites serait chose désirable ; je crois au contraire que cette intervention d'un représentant de la société dans un désastre , pour ainsi dire de famille, aurait de trés-graves inconvéniens pour le commerce et l'intérêt même de ceux qu'on veut protéger. Les fonctions des juges commissaires me paraissent au contraire répondre merveilleusement à ce double besoin réclamé par l'ordre public et l'intérêt particulier des créanciers : car l'action de ces magistrats protège suffisamment l'un, tout en respectant l'autre; seulement on doit faire des vœux pour que ces magistrats se rendent de plus en plus dignes de leur haute mission, en faisant taire toutes les faiblesses et tous les scrupules qui arrêtent ou atténuent quelquefois l'efficacité des moyens de répression mis à leur disposition.

Je ne puis mieux terminer ces observations qu'en reproduisant le vœu que j'ai émis en commençant, ce vœu est pour tout le commerce comme une sorte de cri de détresse qui mérite d'être écouté : qu'on diminue par un moyen quelconque, les frais énormes qui pèsent sur les créanciers, et ce sera la meilleure et la plus utile de toutes les améliorations. Les réformes que j'ai proposées tendent à ce but sans altérer aucune garantie. Si elles sont adoptées, l'économie dans les frais sera environ de moitié. Il ne fallait rien moins que la certitude matérielle d'un ré-

sultat aussi désiré pour me déterminer à élever une voix
qui ne saurait prétendre à aucune autorité par elle-même;
et qui n'en peut acquérir que par l'utilité de ses remon-
trances.

FIN.

obligatoire pour *tous les créanciers*. Cette disposition qui paraît si claire a été cependant la source des plus vives controverses, et la jurisprudence n'est pas même encore fixée sur le sens qu'elle présente. En effet les tribunaux de commerce sont, presque généralement, d'avis que l'homologation lie, non seulement les créanciers *portés au bilan*, mais encore *ceux inconnus*, lorsqu'ils ont été omis sans dol ni fraude. La Cour suprême, au contraire (1) paraît *restreindre* l'application de l'art. 524 aux créanciers portés au bilan et convoqués par lettres et insertions dans les journaux. Si j'avais à chosir entre ces deux interprétations, j'adopterais de préférence celle des tribunaux de commerce, qui me paraît la plus conforme à l'esprit général du livre des faillites ; quoi qu'il en soit, il y a doute, et conséquemment matière à une foule de procès. Il importe d'en tarir la source en adoptant franchement l'une ou l'autre opinion : on devra toutefois mettre cette opinion en harmonie avec le principe qu'on aura posé dans l'art. 457, à l'égard des créanciers inconnus.

Art. 562.

Cet article soulève l'examen de questions d'autant plus graves que les principes de solution doivent tous être puisés dans l'appréciation des effets de tout genre produits par l'état de faillite. Il est peu de bons esprits qui ne signalent une lacune dans la loi, que presque tous désirent voir remplir, les uns dans un sens favorable aux faillis, les autres dans un sens favorable aux intérêts des créanciers.

Je vais rechercher ce qu'a dit le législateur et quelles sont les conséquences légales de sa volonté telle qu'il l'a exprimée. J'examinerai ensuite s'il y a lacune, et enfin quelles sont les réformes qui sont proposées.

(1) Arrêt du 17 janvier 1826.

Voici d'abord d'où naît la difficulté :

L'art. 562 prescrit aux syndics définitifs de rendre leur compte lorsque la liquidation sera terminée, et de procéder à la dernière répartition au moyen du reliquat de ce compte.

Or on suppose qu'après cette reddition de compte, un créancier compris dans les répartitions, mais non rempli de toute sa créance, veuille exercer individuellement des poursuites contre la personne ou les biens de son débiteur failli, et on se demande quels seront les droits de ce créancier ?

Si nous raisonnons avec la loi telle qu'elle existe, il me semble que la saine appréciation des principes doit amener une solution peu douteuse.

Nous admettrons que le failli a été déclaré excusable et susceptible d'être réhabilité, car personne n'ose aller jusqu'à soutenir que si le jugement d'excusabilité est refusé, le droit des créanciers est éteint. Mais on dit qu'il n'en est pas de même lorsque le failli a été déclaré excusable. Cette distinction prouve que l'on place l'effet libératoire tout entier dans le jugement qui proclame l'excusabilité. Examinons d'abord ce premier point de vue de la question.

Il résulte bien clairement de l'art. 551 que, de même que le refus du Tribunal de commerce aurait mis le failli en prévention de banqueroute, et l'aurait renvoyé, de plein droit, devant le procureur du roi qui aurait dû le poursuivre d'office ; de même aussi le jugement d'excusabilité produira l'effet contraire , c'est-à-dire relèvera le failli de la prévention de banqueroute, et de plus le rendra apte à jouir du bienfait de la réhabilitation, en se conformant à la loi.

Voilà quel me paraît être l'effet légal du jugement d'excusabilité ; mais pourrait-on conclure de là que les droits des créanciers sont paralysés par ce jugement, et qu'il produit virtuellement, non seulement la libération de la personne du failli, mais encore l'extinction de la dette?

Je sais qu'on l'a jugé en ce sens (1); mais un si étrange résultat n'a pu être obtenu qu'en exagérant ou en dénaturant les caractères et les effets du jugement d'excusabilité, comme aussi en méconnaissant tous les autres principes de la matière.

On n'a pas songé que le Tribunal de commerce, placé dans l'alternative, ou d'exclure pour toujours de la société l'un de ses membres, ou au contraire de lui faciliter les moyens de réparer une faute et d'obtenir sa réhabilitation, est naturellement porté à adopter ce dernier parti que recommande l'humanité autant que l'intérêt des créanciers. Aussi arrive-t-il presque toujours qu'à moins d'indices fort graves de fraude ou d'inconduite, la sentence favorable intervient. L'on se tromperait fort si l'on concluait de cette sentence que le failli n'a absolument rien à se reprocher et qu'il mérite toute l'indulgence de ses créanciers. On voit journellement excuser des faillis dont l'actif ne présente aucun dividende à leurs créanciers, et l'on voudrait en conclure que ce jugement les a libérés ! Certes, si une pareille conséquence devait ressortir de leur décision, les Tribunaux de commerce devraient beaucoup hésiter avant d'user du droit le plus exorbitant que la loi ait jamais pu leur conférer, droit d'autant plus dangereux que les créanciers ne doivent pas être appelés au jugement qui ferait si bon marché de leurs intérêts.

Mais il n'en saurait être ainsi : le jugement d'excusabilité ne libère le failli d'aucune dette; il ne fait cesser aucune poursuite civile, il purge seulement une prévention criminelle, il arrête l'action publique, voilà tout. Si la loi avait voulu lui attacher d'autres effets, elle aurait pris soin de le dire, comme elle l'a fait en cas de cession de biens, lorsqu'elle veut affranchir le débiteur de la contrainte par corps, et s'il était besoin d'une autre preuve de ce

(1) Jugement du Tribunal de commerce de Paris, rapporté par M. Horson, Questions sur le Code de commerce, n° 175.

que j'avance, je la trouverais dans le titre entier relatif à la cession. On y voit en effet de quelles précautions presque minutieuses le législateur a environné l'obtention de ce bénéfice, qui en définitive ne libère que la personne, et l'on voudrait que le jugement d'excusabilité rendu sans contradiction, sans discussion, sans publicité préalable, libérât même les biens !

Mais, dans ce système, il faudrait aller plus loin, et comme on ne niera pas que le failli, quoique excusé, puisse néanmoins être privé du bénéfice de la cession de biens, il faudrait dire que ce failli, à qui on a refusé la cession de biens parce qu'il n'a pas démontré sa bonne foi, n'en est pas moins plus favorisé que s'il l'avait obtenue.

Tous ces résultats, qui seraient monstrueux et iniques, prouvent de plus en plus que la portée du jugement d'excusabilité ne peut pas être telle qu'on la suppose.

Disons donc que l'effet de ce jugement sera uniquement de rendre le failli apte, soit à obtenir sa cession de biens, soit à se faire réhabiliter, qu'il pourra peut être aussi motiver la réclamation d'une somme à titre de secours sur les biens du failli, conformément à l'art. 530 ; mais les droits des créanciers restent entiers, car ils n'en ont abandonné aucun par le contrat d'union.

S'il en est ainsi, quels sont les événemens postérieurs qui ont pu libérer le failli ?

C'est ici que se présente l'examen de l'art. 562. Je veux bien que l'on tire de cet article la preuve qu'après la dernière réparation, le syndicat définitif est dissous. Quoique cette proposition n'aille pas toute seule, cependant je l'admets : eh bien ! que faudra-t-il conclure de là? La conséquence directe et naturelle est celle-ci : Les pouvoirs donnés aux syndics sont expirés; il n'y a plus d'union, plus de faillite même, si on veut, c'est-à-dire que l'exercice des actions des créanciers n'est plus concentré dans les mains d'un ou plusieurs représentans autorisés à agir au nom de la masse et dans son intérêt ; mais cela empêchet-il qu'il y ait encore des créanciers, et tant que ces créanciers n'ont pas été payés ou qu'ils n'ont pas fait remise de leurs dettes, est-il possible d'admettre que leur débiteur soit libéré? Ne serait-ce pas introduire arbitrairement dans la loi un nouveau mode d'extinction des obligations qui serait subversif de tous les principes, et assez exorbitant pour qu'on pût au moins le justifier par un texte formel?

Ce texte, on est bien forcé d'en convenir, l'art. 562 ne le fournit pas; car la question soulevée par cet article est tout-à-fait indépendante de l'extinction des créances. Peu importe en effet que l'on admette que l'union est terminée, ou qu'elle continue, il n'en résultera pour le failli que cette alternative : ou bien qu'il sera poursuivi par l'union, ou bien qu'il pourra l'être par chaque créancier individuellement; mais il n'y a ni argument ni induction à tirer de là. Quant au point de savoir si la dette est ou non éteinte, cette question reste donc entière, et comme aucun autre article ne proclame l'extinction, j'en conclus que la dette subsiste toujours.

Voilà, ce me semble, où les principes conduisent nécessairement.

Je n'admets pas même, dans l'état actuel de la législation, la restriction que la Cour royale de Paris (1) a cru devoir imposer à l'exercice de l'action des créanciers. Cette Cour s'est fondée sur l'analogie qu'elle apercevait entre la position du failli excusé et celle du failli qui avait obtenu la cession, pour en conclure que la recevabilité de l'action du créancier était subordonnée à la justification, à faire par lui préalablement, que son débiteur avait acquis de nouveaux biens, conformément à l'art. 568. Ce tempérament à l'exercice d'un droit qui paraissait trop rigoureux, prouve que la Cour trouvait la loi vicieuse et

____

(1) Arrêt de cette Cour rapporté dans les Questions de droit de M. Horson, n° 175.

qu'elle cherchait à la corriger, mais il faut bien reconnaître que c'était excéder les limites de l'interprétation, et qu'on faisait la loi au lieu de l'appliquer.

En effet, quand il serait vrai que l'analogie existât entre les deux cas, cela même ne suffirait pas pour autoriser l'application au cas non prévu de la disposition exceptionnelle faite pour le cas prévu. D'ailleurs pourquoi appliquer une partie seulement de l'art. 568, et ne pas dire aussi que le failli excusé ne sera plus contraignable par corps pour les dettes antérieures? Ou les deux propositions sont vraies, ou elles sont toutes deux fausses. On ne peut pas les scinder. Cependant la Cour royale a reculé devant la seconde, parce qu'elle a senti qu'autant voudrait rayer le titre entier de la cession de biens; et pourtant elle a conservé la première!

Mais ensuite, cette analogie invoquée existe si peu qu'il peut fort bien arriver qu'un failli soit excusé et que cependant la cession de biens lui soit refusée. Cela tient à ce que les conditions sont différentes dans les deux cas; pour être admis à la cession, il faut que le débiteur *prouve sa bonne foi;* pour être excusé, il suffit qu'il ne soit pas *prouvé contre lui qu'il y a fraude...* On sent l'immense différence qu'il y a entre ces deux positions, et c'est ce qui justifie la différence des résultats. D'ailleurs si la loi avait pensé qu'il y eût analogie, à quoi bon un titre spécial consacré à régler les conditions et les effets de la cession? Les mêmes causes doivent produire les mêmes effets, et l'on ne comprend pas pourquoi tout ce qui a été dit de la cession ne s'appliquerait pas à l'excusabilité.

Ainsi le raisonnement fait par la Cour royale conduirait à ce résultat inadmissible, que le titre de la cession de biens fait double emploi dans le code de commerce, et qu'il peut en être retranché sans le moindre inconvénient.

Concluons de tout ceci que la loi faite a été méconnue, et que, dans l'état actuel des principes, force est de

reconnaître qu'après le contrat d'union, suivi d'un jugement d'excusabilité, les droits des créanciers restent entiers et que ces créanciers peuvent les exercer individuellement sans aucune limitation ni restriction, de la même
manière et aussi long-temps que le permet la nature de
la créance.

Je dois examiner maintenant ce qu'il peut y avoir à
corriger dans ce résultat, et en quoi l'intervention du législateur paraît désirable.

Une première observation qui frappe d'abord, c'est
que le législateur, en réglant les droits et les devoirs des
syndics pendant l'union, n'a songé qu'aux biens existans
au moment de la faillite, ou échus jusqu'à la liquidation
terminée, et la dernière répartition : on s'est occupé du
cas le plus ordinaire. *Lex statuit de eo quod plerumque
fit*, et tout porte à croire que les biens à venir ne sont pas
entrés dans la prévision de la loi.

Ceci me paraît expliquer le silence gardé en ce qui concerne ces biens, et l'espèce de lacune que l'on reproche
au législateur.

S'il y a lacune, ce n'est pas en ce qui concerne les
droits des créanciers sur les biens futurs; l'art. 2092 du code
civil définit ces droits, et l'absence d'une exception aux
principes ne produit pas lacune, elle proclame seulement le principe.

La lacune me paraît exister cependant en ce point que
l'art. 562, qui s'occupe de la dernière opération de l'u-
nion, ne dit pas formellement si cette union sera dissoute
après la dernière répartition, ou si, au contraire, l'état
de faillite durera encore, et, en ce cas, combien de temps
il se prolongera. C'est sous ce rapport qu'il y a besoin de
compléter le système du code, et je partage l'opinion de
tous ceux qui, en l'absence même d'une disposition for-
melle, pensent que l'union et le syndicat doivent cesser
lors de la dernière répartition ; seulement il faudrait ue
cela fût dit d'une manière expresse.

Ceci fait, et une fois le principe admis, que chaque créancier est rentré individuellement dans l'exercice de ses droits, y a-t-il nécessité de modifier ici le droit commun et de soumettre cet exercice à certaines limitations ou restrictions?

La décision de la Cour royale de Paris mérite d'être prise sur ce point en sérieuse considération ; car si cette jurisprudence peut être critiquée comme application de la loi faite, elle n'en doit avoir que plus de poids lorsqu'on la consulte comme élément d'une loi à faire.

D'un autre côté, le Tribunal de commerce appelle de tous ses vœux une législation qui concilierait l'humanité que prescrit la position d'un failli excusé avec le droit qui appartient à tout créancier de poursuivre son débiteur jusqu'à extinction de la dette.

Après ces autorités imposantes, il serait téméraire de hasarder une opinion contraire à celles émises; cependant je me permettrai quelques observations qui conduiront au moins à éclairer davantage la question.

Si je me demande d'abord quelle différence il y a entre le débiteur excusé qui a purgé sa faillite, soit parce qu'on a fait la dernière répartition, soit aussi parce qu'il n'y a point eu de répartition à faire, et le débiteur commerçant qui n'a pas encore été déclaré en faillite, et qui est poursuivi par un de ses créanciers, j'avoue que je n'aperçois aucune considération qui rende l'un plus favorable que l'autre :

Dira-t-on que le premier a purgé sa faillite et la présomption de fraude qui s'y rattache puisqu'il a été excusé? oui, mais l'autre n'a rien eu à purger, car nous supposons qu'il n'est pas en état de faillite. Sa condition est donc au moins aussi favorable que celle du failli que nous lui comparons. Vainement argumenterait-on aussi de ce que le failli a déjà été exposé à l'action de ses créanciers réunis, et peut-être incarcéré à raison de sa faillite. Ce n'est pas encore là une cause de faveur; car toute la différence qu'il y a entr'eux sur ce point, c'est qu'il ne pourra plus être poursuivi de cette manière, au moins par les mêmes créanciers, tandis que le débiteur non failli restera exposé à cette action, s'il se trouve dans le cas prévu par l'art. 437 du Cod. com. Enfin ferait-on valoir que le premier a fait tout ce qu'il a pu pour ses créanciers puisqu'il leur a abandonné la totalité de son actif; je répondrais que cette circonstauce pourrait tout au plus motiver une demande en cession de biens, et qu'il est libre d'en réclamer le bénéfice, tout comme le débiteur non failli peut user de la même faveur, mais à la même condition. Je ne vois donc rien, dans les positions respectives de ces deux débiteurs, qui autorise à déroger, en faveur du premier, à des voies rigoureuses qu'on permettrait contre le second.

Mais je vais plus loin, et je crois que la morale publique et la sureté des transactions commerciales auraient souvent à souffrir de la condescendance du législateur à cet égard.

Tous ceux qui ont observé et suivi les opérations des faillites savent combien les créanciers sont en général peu difficiles dans les conditions qu'ils mettent à leur adhésion aux concordats. Il n'est pas rare de voir des faillis obtenir leur libération complète, au moyen d'un dividende de 4 ou 5 pour cent, payable en plusieurs années et sans caution ni garanties (1). Je ne cite pas ce fait pour blâmer les créanciers, mais au contraire à leur louange, car il prouve au moins que lorsque le failli se présente avec quelque faveur, et qu'il peut offrir un dividende, fût-ce le plus faible possible, il trouve facilement grâce devant ses pairs qui sont d'autant plus portés à l'indulgence qu'ils ont l'espoir de s'indemniser par de nouvelles opérations qu'il fera avec eux.

(1) Cette facilité apparait encore, par le relevé officiel que j'ai cité. Ce relevé fournit la preuve que, de 1817 à 1826, le nombre des contrats d'union était à celui des concordats, dans la proportion d'à peu près 10 à 24, et on peut presque affirmer que cette proportion s'est accrue depuis cette époque, loin de diminuer.

Mais si le concordat n'a pas lieu, on peut presque affir-mer qu'il y a eu mauvaise foi ou dissimulation de la part du débiteur qui n'a peut-être présenté aucun actif recouvrable à ses créanciers et n'a pas même voulu s'imposer les chances d'un dividende à prélever sur ses biens futurs. Soutiendrait-on sérieusement qu'en ce cas, ce failli doit être vu avec plus de faveur qu'un débiteur ordinaire qui n'attend que le moment propice pour se libérer?

On m'objectera sans doute qu'il pourra arriver tout le contraire de ce que je dis, et que tel débiteur malheureux et de bonne foi sera privé du bienfait du concordat par la malice ou la cupidité d'un seul de ses créanciers. J'avoue que cela peut arriver quoiqu'on en ait peu d'exemples; mais la réponse à cette objection, la seule possible, est précisément ce qui donne le plus de poids à mon argumentation. Car, ce failli que l'on suppose de bonne foi se fera excuser, puis il obtiendra sa cession de biens, et il se libérera ainsi de la contrainte par corps... Et c'est ici qu'apparaît dans toute son efficacité le bienfait de cette cession, qui, en effet, n'a d'application que dans l'espèce que nous examinons, en sorte qu'il semble que le législateur, en l'introduisant dans les faillites, n'ait voulu que résoudre l'objection.

Que si, au contraire, le failli de mauvaise foi, a tout fait perdre à ses créanciers, et ne leur offre pas le plus léger dividende, si ensuite il n'ose risquer une demande en cession, ou que cette cession lui soit refusée à cause de sa mauvaise foi, qui oserait dire qu'il se présente d'une manière bien favorable et qu'il faut créer pour lui des exceptions et des faveurs qu'on refuserait à un simple débiteur qui peut être de la meilleure foi du monde!

Voici pour la question d'équité et d'humanité.

Quant à la question d'intérêt public, elle me paraît se lier intimement à la première et lui prêter un nouvel appui.

N'y a-t-il pas danger pour la morale publique à ce qu'un

failli qui n'a pu trouver grâce, ni devant ses créanciers qui lui ont refusé ou à qui il n'a pas demandé un concordat, ni devant le tribunal, qui lui a refusé le bénéfice de cession de biens parce qu'il n'était pas de bonne foi, puisse jouir paisiblement des biens qu'il a su dérober à ses créanciers et braver effrontément l'impuissance de leurs efforts pour ressaisir un actif qui leur échappera d'autant plus facilement qu'on paralyserait dans leurs mains les moyens d'action qu'ils peuvent avoir ?

Chacun sait que lorsqu'un failli est parvenu à soustraire une partie quelconque de son actif à la vigilance de ses créanciers, cet actif, quoiqu'en réalité exploité par lui, n'apparaît cependant au public que sous un prête-nom. Tantôt c'est la femme du failli, qui a obtenu la séparation de biens, tantôt c'est un homme de paille dont le failli passe pour le commis, qui sont réputés légalement propriétaires de l'actif qu'il est impossible aux créanciers de saisir.

En ce cas, il ne reste à ces derniers que la ressource de la contrainte par corps, au moyen de laquelle ils puissent amener le failli à faire l'abandon des sommes ou valeurs qui leur échappent.

Si l'on privait les créanciers de cette dernière ressource, ce serait un malheur, car l'on ouvrirait les portes au genre de fraude que je signale, et cette fraude n'est que trop fréquente et trop facile.

Objectera-t-on qu'il y aurait danger à proclamer ce principe d'une manière absolue, et que l'animosité ou la malice d'un créancier pourrait en abuser? Cette objection a peu de consistance.

D'abord elle tombe complètement devant le bienfait de la cession de biens que le failli obtiendra s'il est de bonne foi; mais je vais plus loin et j'admets qu'il faut protéger, même le failli de mauvaise foi. Eh bien! ce failli, qui cependant mérite peu de faveur, sera aussi efficacement protégé qu'un débiteur ordinaire, puisqu'il pourra réclamer son élargissement dans les limites de la loi du 17 avril 1832.

car c'est cette loi qui est la base et qui déterminera la durée de l'emprisonnement. En quoi donc aurait-il à se plaindre ?

Il reste maintenant un point bien délicat à examiner. C'est celui de savoir si, tout en reconnaissant le droit d'exercer l'action, tant sur la personne que sur les biens, il ne serait pas juste de subordonner cet exercice à certaines conditions préalables.

La Cour royale de Paris pense qu'il en doit être de même ici qu'en cas de cession de biens, c'est-à-dire, que le créancier devra préalablement établir que de nouveaux biens sont advenus au failli, sous peine d'être déclaré non recevable dans son action.

Tout en reconnaissant ce qu'il peut y avoir de juste dans le motif qui a déterminé cette Cour, je crois que la conséquence qu'elle en a tirée serait funeste dans l'application, si on la prenait d'une manière absolue.

D'abord ce serait laisser beaucoup à l'arbitraire des tribunaux, et puis ce serait paralyser indéfiniment le droit qui appartient au créancier, car on sent combien il lui serait difficile d'établir que de nouveaux biens sont advenus à son débiteur, surtout lorsque, par suite de sa mauvaise foi, ce débiteur exploitera une industrie ou un commerce sous un prête-nom.

Enfin comme bien souvent le paiement dépend de la rapidité des poursuites, cette espèce d'enquête les rendra presque toujours illusoires.

Cependant il serait déraisonnable d'autoriser des poursuites au moment où la liquidation viendrait à se terminer, à moins que ces poursuites ne fussent justifiées par l'intérêt évident du créancier.

Je sais bien que ce danger est peu à redouter, car en général, les créanciers ne poursuivent et exécutent leurs débiteurs que lorsqu'ils ont l'espoir de se faire payer. La chose peut néanmoins arriver.

En ce cas, peut-être tout serait-il concilié en disant *que lorsque les créanciers voudront exercer des poursuites*

contre le failli excusé et après la dissolution de l'union,
ils ne pourront le faire, avant un délai déterminé, qu'au-
tant qu'ils justifieraient qu'il est advenu quelques biens
au failli, à un titre quelconque; mais après l'expiration
du délai (que le législateur fixera dans sa sagesse) je ne
les assujettirais à aucune justification. Tant pis pour eux
s'ils poursuivent témérairement; ils sont les premiers punis
par les frais qu'ils font sans espoir de remboursement.

J'admettrais encore ce tempérament à l'action des créanciers, qu'elle ne pourra jamais atteindre les sommes ou
les choses données au failli, en exécution des articles 529
et 530.

Voilà les seules restrictions et modifications qu'il me paraît juste d'apporter à l'exercice d'un droit qu'il faut res-
pecter, même dans l'intérêt de la morale publique. Plutôt
que de voir aller au-delà, je préférerais qu'on restât dans
le droit commun : il y aurait beaucoup moins de danger.
En tout cas, c'est là un des points sur lesquels on ne saurait trop appeler l'attention du législateur, et les lumières
de ceux qui ont étudié la matière.

Art. 566.

Le législateur de 1807 a cru devoir consacrer un titre
entier à régler les conditions et les effets de la cession de
biens en cas de faillite. Cependant la législation n'était pas
muette sur ce point, car le Code de commerce a presque
entièrement copié et reproduit les dispositions des Codes
civil et de procédure. (Cod. civ. 1269 à 1270. Cod. pro-
céd. 898 à 906). Ainsi avant le Code de commerce, la cession de biens s'appliquait au commerçant de bonne foi,
et on peut même dire que c'est surtout à lui qu'elle profi-
tait, car il a plus besoin que personne de se soustraire à
la contrainte par corps.

Qu'a donc pu vouloir le Code de commerce? Apparem-
ment il a voulu que l'état de faillite ne fît pas obstacle à la
cession de biens, et pour qu'il en fut ainsi, il était néces-

saire qu'il s'en expliquât. Car, en l'absence de toute disposition, on n'eût pas manqué de bonnes raisons pour faire juger le contraire. Ceci explique pourquoi, dans tout ce titre, il n'est jamais question que du failli; c'est qu'en effet il n'a été rédigé qu'en vue du débiteur failli, le commerçant non encore en état de faillite ouverte trouvant son droit écrit dans l'art. 1265 Code civil.

Mais si cette proposition, que la faillite ne fait pas obstacle à la cession de biens, est incontestablement vraie, en est-il de même de la proposition inverse; et faut-il dire que la cession de biens ne fait pas obstacle à la faillite? On serait tenté de le croire si on se réfère aux art. 906 Code de procédure et 437. 441. Code de commerce. Car, le premier article dit que la cession de biens ne préjuge et n'innove rien à l'égard du commerce, et les deux autres proclament, sans distinction, la faillite de tout commerçant qui cesse ses paiemens. On pourrait ajouter que s'il y a des difficultés à combiner, l'état du débiteur cédé avec celui du failli, ces difficultés existent à un degré au moins égal lorsque la cession de biens suit la faillite au lieu de la précéder, et cependant le législateur n'a pas été arrêté par cette considération, puisqu'il autorise la cession de biens après la faillite. Malgré ces raisons, la Cour de cassation a jugé (1) que la cession de biens empêchait la déclaration de faillite. Une opinion émanée de si haut lieu ne doit pas être combattue légèrement, et nous devons supposer qu'elle est le résultat de considérations plus décisives que celles qui me paraissent recommander le système contraire; mais en ce cas, n'y aurait-il pas lieu d'introduire dans l'art. 437 une exception que ne comportent guère les termes absolus de sa rédaction actuelle?

Quoi qu'il en soit, voyons de quelle utilité peut être et à quoi aboutit pour le failli, le droit de demander la cession de biens.

1) Arrêt du 4 octobre 1823.

Tant que l'instruction de la faillite n'est pas achevée, ce droit me paraît complètement illusoire. En effet, je ne conçois pas que le Tribunal civil, saisi de cette demande, en supposant que ce soit devant lui qu'il faille la porter, puisse y faire droit avec quelque apparence de justice avant que les syndics et le juge commissaire aient été à même d'apprécier s'il y a ou non des présomptions de fraude; et ces présomptions ne pourront apparaître qu'après la vérification des créances. Il y a plus, et je crois que le failli est sans intérêt à poursuivre sa cession de biens, tant que la faillite s'instruit ; car il a un moyen plus direct et plus prompt pour arriver à la liberté de sa personne, seul but de la cession. Ce moyen lui est fourni par les art. 466 et 467. Qu'on ne dise pas que le sauf-conduit peut lui être refusé, car cela ne pourrait avoir lieu qu'en cas de mauvaise foi constatée ou de banqueroute présumée, et dans ce cas, la cession de biens elle-même, si elle avait pu être prononcée, ne saurait prévaloir contre l'intérêt d'ordre public qui permet au procureur du Roi de convertir le mandat de dépôt en un mandat d'arrêt, dès que les caractères frauduleux apparaissent.

Ainsi il est vrai de dire, d'abord que le failli n'a pas d'intérêt, et ensuite qu'il serait mal fondé à demander la cession de biens pendant l'instruction de la faillite.

Cet intérêt ne naîtra pas non plus pour lui s'il y a concordat; il ne peut donc surgir qu'en cas de contrat d'union.

En ce cas, surtout si le failli a été excusé, il a grand intérêt à se soustraire à la contrainte par corps que voudraient exercer contre lui, soit les syndics, pendant l'union, soit les créanciers, après la liquidation. C'est ici que le bienfait de la loi vient le protéger, et reconnaissons que c'est seulement ici qu'il a besoin de protection, et que le titre de la cession reçoit application.

Voici ce qui est ; mais n'y aurait-il rien de mieux à faire?

Si l'on admet que la cession n'est utile et profitable au failli qu'après le contrat d'union, et si l'on peut arriver à lui assurer la même protection plus simplement, plus rapidement et surtout plus économiquement, pourquoi hésiterait-on à solliciter la suppression de ce titre entier, qui serait désormais complètement inutile, et qui d'ailleurs n'est presque que la copie de dispositions mieux placées ailleurs qu'ici ?

On pourait obtenir ce résultat, en remplaçant le titre de la cession par une disposition additionnelle à l'art. 531 conçue à peu près en ces termes : *Le jugement d'excusabilité équivaudra, pour le failli, au bénéfice que la cession de biens assure aux débiteurs de bonne foi, mais en ce qui concerne la libération de la personne seulement. Ce jugement ne pourra être rendu que contradictoirement avec les créanciers vérifiés et affirmés, qui y seront tous appelés individuellement et auront qualité pour contester.*

Les droits de la masse ou des créanciers sur les biens du failli resteront ce qu'ils étaient lors du contrat d'union.

Cette réforme me paraît simple et d'une application facile; elle protége les droits de tout le monde; elle remplit le seul but que l'on se propose par la cession de biens en cas de faillite, et elle a sur cette autre formalité des avantages immenses qu'il est impossible de dénier.

D'abord je la crois plus en harmonie avec l'esprit qui a guidé le législateur en matière de faillite.

On a voulu, en effet, autant que possible, que tout s'agitât et se débattît devant le tribunal qui aurait déclaré la faillite, parce qu'il est, plus que tout autre, à même d'en saisir les vrais caractères, ne fût-ce que par les rapports et les communications du juge commissaire. Et n'est-il pas étrange que la demande en cession de biens formée par un failli, demande si essentiellement du ressort des juges consulaires qui ont en dépôt dans leur greffe tous

OBSERVATIONS

SUR LE

LIVRE III DU CODE DE COMMERCE

RELATIF AUX FAILLITES

ET SUR

LES RÉFORMES DONT CE LIVRE EST SUSCEPTIBLE.

Le vœu le plus énergiquement exprimé et le besoin le plus généralement senti portent sur la diminution des frais considérables de tout genre qu'entraîne une faillite poussée jusqu'à sa fin. Tout le monde appelle et sollicite des réformes qui tendraient à ce but; mais si ces réformes sont désirables dans toutes faillites, je dois dire combien elles le seraient davantage, et combien la nécessité s'en fait impérieusement sentir dans les faillites de peu d'importance. En effet ces faillites sont assujetties aux mêmes formalités et soumises aux mêmes droits que celles dont l'actif est quintuple ou même décuple, et les droits d'enregistrement et de greffe, se percevant en raison du nombre des créanciers, et non en raison de l'importance des créances, il en résulte que dans les faillites des marchands en détail, où il y a souvent une foule considérable de petits créanciers, les frais dépassent quelquefois ceux des faillites les plus considérables par le chiffre de l'actif et du passif. Aussi des relevés officiels attestent que le tiers à peu près des faillites déclarées à Paris s'arrêtent à l'agence ou au syndicat, et dans ce nombre ne figurent presqu'aucune faillite d'un chiffre un peu élevé (1). Cette inégale distribution de la justice provient de l'inégale répartition des charges qui pèsent sur les créanciers dans l'un et l'autre cas ; elle appelle les méditations sérieuses du législateur. Je n'ai pas la prétention d'indiquer un remède péremptoire : je me bornerai à faire observer que, si la suppression de l'art. 507, que je proposerai en son lieu, est adoptée, l'inconvénient aura disparu en grande partie, et l'égalité sera rétablie autant que posssible.

Je devais présenter cette observation générale, avant de passer à la discussion des articles.

Art. 437.

Le fait que la loi considère comme caractéristique de l'état de faillite, est la *cessation* de paiemens, et comme on n'a pas distingué, force est bien d'en conclure que toute cessation, soit momentanée, soit définitive de paiemens constitue l'état de faillite lorsqu'elle est complète. Sauf, bien entendu, l'application de l'art. 441. Cette saine interprétation de la loi a été confirmée avec raison par la jurisprudence.

Cependant ce résultat est bien sévère, et il est permis de penser qu'il dépasse le but que l'on se proposait.

(1) Il résulte du relevé officiel fait par le tribunal de commerce que, de 1817 à 1826, 2380 faillites ont été déclarées à Paris, ce qui fait, pour chaque année, un terme moyen de 264 faillites. Sur ce nombre, 1048 ont été terminées par des concordats, 439 par des contrats d'union, et 883 sont restées à l'agence ou au syndicat. Le nombre moyen des patentes était annuellement de 44,157, en sorte que le nombre des faillites pendant ces neuf années était au nombre des patentes dans la proportion de 6 à 1000.

De 1826 à 1832, ce qui comprend deux crises commerciales, celle de 1826 et celle de 1830, la proportion s'est accrue. Ainsi le terme moyen des faillites déclarées a été de 536, année commune. Mais le nombre des patentes a aussi augmenté, et est devenu de 55,000 moyennement ; la proportion du nombre des faillites à celui des patentes est donc restée un peu au-dessous de 10 à 1000.

En effet l'on conçoit et l'on explique toutes les précautions accumulées par la loi lorsqu'un commerçant est en état de faillite proprement dite, c'est à dire, qu'il n'offre que des chances de pertes à ses créanciers; mais lorsque ce commerçant ne fait que suspendre ses paiemens, fût-ce d'une manière complète, s'il justifie qu'il peut faire face à toutes ses dettes, dans un temps plus ou moins éloigné, mais avec un actif positif et appréciable; comment, en ce cas, justifier les rigueurs de la loi qui lui applique toutes les épreuves et toutes les mesures préventives de la faillite? Il est vrai qu'il aura la ressource de la réhabilitation; mais cette ressource ne répare pas le mal fait, la perte de crédit, de considération, et l'espèce de tache indélébile qui s'attache à la position par laquelle il est passé. Un auteur grave signale la nécessité d'une distinction à faire entre ces deux cas, et trace quelques règles à suivre en cas de suspension de paiemens. Cette opinion, qui ne pouvait prévaloir contre les termes de la loi, me paraît devoir être convertie en un vœu à adresser à ceux qui sont chargés d'améliorer la matière. C'est à ce titre que je la reproduis en demandant s'il n'y aurait pas utilité à faire revivre tout ou partie de l'ordonnance du mois d'août 1669 qui autorisait en ce cas *des répits, arrêts de surséance,* etc.?

Art. 442.

Cet article est un de ceux qui réclament le plus impérieusement l'intervention de la sollicitude éclairée du législateur. Son interprétation a divisé et divise encore les tribunaux et les jurisconsultes.

D'abord il considère *le jour* de la faillite pour en déterminer les effets, quant au failli; tandis que les art. 443 à 446 s'attachent à l'*époque de l'ouverture* pour régler la validité des actes faits avec les tiers. Faut-il interpréter l'art. 442 par les articles suivans, ou bien ceux-ci par le premier; ou enfin faut-il distinguer entre *le jour* de la faillite et l'*époque de son ouverture?* Telles sont les trois questions qui naissent du défaut d'harmonie entre ces textes qui sont cependant basés sur le même principe.

D'autre part, s'agit-il du jour de la faillite *déclarée,* ou bien de celle *reportée,* question fort grave et vivement controversée.

Enfin, quels sont les effets du désaisissement prononcé par la loi? La cour de cassation (1) pense que ce désaisissement a uniquement pour objet d'assurer le gage des créanciers, en les autorisant à s'emparer d'une administration dont le failli aurait pu abuser s'il l'eût conservée, mais qu'il n'en faut pas conclure que les actes faits par le failli soient nuls de plein droit, et malgré la bonne foi des tiers; qu'au contraire la validité de ces actes devait être appréciée d'après les principes généraux du droit, et spécialement les art. 443 à 447; mais cette interprétation, d'équité plutôt que de droit, est loin d'avoir généralement prévalu, et l'on juge fréquemment encore aujourd'hui que les actes faits, même de bonne foi avec le failli, postérieurement à l'époque de la faillite reportée, sont nuls, indépendamment de toute fraude.

Il est fort à désirer que ces divergences dans la jurisprudence disparaissent devant une rédaction plus précise; et cependant on ne peut pas se dissimuler que, les deux systèmes, pris d'une manière absolue, présentent de graves inconvéniens.

Peut-être le moyen de tout concilier serait-il de dire que pour apprécier l'incapacité du failli, il faudra distinguer entre l'ouverture déclarée et celle reportée; que la première produira en faveur des créanciers une incapacité absolue, en ce sens que tous les actes postérieurs seront nuls de plein droit; mais que la seconde ne produira qu'une incapacité facultative, en ce sens que les tribunaux pourront maintenir les actes faits depuis, ou les

____

(1) Arrêts des 28 mai 1823 et 13 mai 1829.

annuler, eu égard aux circonstances et selon qu'ils leur paraîtront, ou non, présenter des caractères de fraude, laquelle s'appréciera d'après les règles tracées par les art. 444 à 446. Telle est l'opinion qui me paraît la plus en harmonie avec les résultats signalés par l'expérience, et qui concilie deux systèmes opposés, entre lesquels la jurisprudence flotte incertaine.

Art. 443.

Cet article porte que nul ne peut acquérir *privilége* ni hypothèque dans les dix jours qui précèdent l'ouverture de la faillite.

Des difficultés graves s'élèvent sur le sens et l'application du principe, en ce qui concerne les priviléges; on a contesté, avec beaucoup de raison, que la prohibition pût frapper toute espèce de priviléges : ainsi nul doute que ceux de l'art. 2101 du Code civil ne fussent valablement acquis, quoique créés dans les dix jours précédant l'ouverture de la faillite. On pourrait peut-être en dire autant de tous les priviléges proprement dits, qui sont dispensés d'inscription, sauf toutefois celui du gagiste. Quelques jurisconsultes graves soutiennent même que l'art. 443 ne s'applique qu'aux priviléges frappant les immeubles. . . . Quoi qu'il en soit, la doctrine indique ici la nécessité d'une distinction qui n'existe pas dans la loi. Je signale ce fait. C'est au législateur à y pourvoir et à spécifier d'une manière précise *quels sont les priviléges dont il entend parler*.

Art. 455.

Le Tribunal de commerce a présenté des observations très sages sur l'application de cet article, et les modifications dont il serait susceptible. Cependant il me semble que le véritable point de vue de la question n'a pas été abordé.

Il est presque généralement admis en pratique que l'art. 455 prescrit une mesure d'intérêt privé, et qu'en conséquence, les frais en doivent être supportés par ceux que cette mesure intéresse. Aussi des instructions ministérielles, parties de ce principe, défendent aux geôliers des maisons de détention de recevoir les faillis sans la consignation préalable des alimens, comme en matière de contrainte par corps ordinaire. Cependant la légalité de cet usage qui s'est établi sans qu'on se soit bien rendu compte du principe fondamental, est aujourd'hui l'objet de vives critiques, et l'on a vu naguère le Tribunal civil de la Seine refuser l'élargissement d'un failli , malgré le défaut de consignation d'alimens, parcequ'il a considéré la mesure prescrite par l'art. 455 comme une mesure *d'ordre public*. Depuis lors , la question a été débattue dans l'intérêt des principes, et ceux-là même qui s'étaient montrés les partisans les plus ardens de l'usage suivi, ont été forcés de reconnaître qu'ici au moins les deux intérêts concouraient, l'intérêt privé et l'intérêt public; c'est ce qu'avait aussi reconnu la Cour de cassation (1). Puis on s'est demandé ce qu'il fallait décider relativement à la consignation des alimens , et c'est alors qu'une foule de considérations puissantes aboutissaient à dire que la nécessité de la consignation tendrait à paralyser les effets de la mesure, en tant qu'intéressant l'ordre public, puisque ce serait faire dépendre son exécution, soit du caprice ou de la négligence d'un syndic, soit des facultés pécuniaires du failli, soit enfin du mauvais vouloir d'une masse de créanciers qui sera d'autant moins portée à en user que c'est elle qui en fait les frais. On a donc pensé que la jurisprudence des tribunaux civils devait prévaloir sur l'usage antérieur, comme étant plus conforme à l'esprit de la loi.

(1) Voir un arrêt de cette Cour du 9 mai 1814, qui même paraît avoir admis implicitement le principe que le dépôt avait lieu *uniquement* dans l'intérêt de la vindicte publique.

(15)

S'il en était ainsi, le but d'économie du Tribunal de commerce serait atteint sans qu'il fût besoin de recourir aux moyens compliqués qu'il propose. Mais le législateur devra lever les doutes, à cet égard, par une rédaction plus claire et plus précise.

Il serait bon aussi qu'il s'expliquât sur un point controversé, qui est de savoir à la requête de qui le dépôt peut avoir lieu.

<h3 style="text-align:center">Art. 456.</h3>

Cet article renferme une disposition depuis long-temps tombée en désuétude, surtout à Paris. Le législateur, en défendant que tout autre qu'un créancier pût être nommé deux fois agent dans la même année, a été mu sans doute par la crainte des fraudes et des connivences qui pourraient résulter de la présence du même agent à deux faillites différentes, lesquelles pourraient avoir des intérêts opposés à débattre entre elles, et il paraît ne plus redouter ce concours à un an d'intervalle, parce qu'il suppose la première agence terminée. Peut-être aussi a-t-on voulu que nul ne se fît de l'agence une profession. Au reste quel que soit le motif, il faut reconnaître que la prohibition existe, et comme il est toujours dangereux de voir établir des usages contraires aux dispositions de la loi, il est à désirer, ou qu'on efface la prohibition si l'usage paraît préférable, ou bien qu'on respecte la prohibition si l'usage est vicieux.

<h3 style="text-align:center">Art. 457.</h3>

Le Tribunal de commerce a présenté sur la nécessité de reviser cet article des considérations fort graves que je partage, tout comme j'approuve le sens dans lequel la réforme est sollicitée.

Mais il est encore un point sur lequel il me parait qu'il y a lieu à lever les incertitudes.

L'article fixe différens délais pour l'opposition, et il les

règle eu égard à la qualité des opposans; mais l'énumé-
ration qu'il fait de ces opposans laisse douteuse une question qui ne devrait cependant pas l'être; c'est celle de
savoir si un créancier non porté au bilan serait déchu
du droit de former opposition après le procès-verbal de
vérification des créances.

Je dis que la question est douteuse parcequ'en effet
ces créanciers né sont compris ni dans les termes ni dans
l'esprit de la première classification de l'article. Dans les
termes, cela est évident. Dans l'esprit, cela paraît certain,
quand on considère qu'il serait déraisonnable de supposer
que le législateur ait entendu traiter ces créanciers plus
sévèrement que ceux en demeure, ce qui aurait lieu, puisqu'il leur fixerait un délai plus court pour former opposition.

Il n'est pas non plus sûr de dire qu'ils sont assimilés
aux *créanciers en demeure*, car on peut répondre que
par *créanciers en demeure* la loi a entendu les créanciers qui ont été convoqués, mais qui ont négligé de se
présenter. Cette opinion est appuyée sur l'art. 511 qui
règle les délais à accorder à ces créanciers eu égard à l'é-
loignement de leur domicile; ce qui suppose nécessairement que ce domicile est connu.

Ainsi on peut soutenir rationnellement que l'art. 457
n'a pas songé aux créanciers inconnus. Et qu'on ne dise
pas que cette question est tranchée par les art. 513 et
524? car ce serait résoudre la question par la question.
C'est de l'art. 457 qu'il faut faire ressortir le principe de
l'existence légale de la faillite pour tous les créanciers
quelconques connus ou inconnus; l'on est si peu d'accord
sur ce point que la Cour de cassation distingue sur l'art.
524 qui déclare le concordat obligatoire pour *tous* les
créanciers, et qu'elle a jugé que ces expressions ne com-
prenaient pas les créanciers inconnus. Or cette solution
n'est que la conséquence d'un autre principe présupposé,
à savoir qu'il n'y a pas de faillite pour ces créanciers; car

s'il y avait pour eux un état de faillite , ils seraient liés par les actes postérieurs : ainsi la base de la diversité de jurisprudence que je signalerai ci-après sur l'application de l'article 524, est toute entière dans l'interprétation de l'art. 457, qu'on fasse disparaître l'équivoque, et l'art. 524 ne présentera plus de difficultés.

Je pense donc qu'il y a lieu de placer *nommément* les créanciers inconnus dans l'une ou l'autre des catégories créées par l'article 457, ou bien de faire pour eux une catégorie à part. Et j'insiste sur ce point parcequ'il s'agit d'un principe fondamental de la matière sur l'existence duquel la controverse ne doit pas même être possible.

Art. 475.

Cet article prévoit le cas où le failli décéderait après l'ouverture de sa faillite ; mais nulle part on n'a songé à une autre hypothèse qui peut se présenter, c'est celle d'un commerçant qui décéderait en état de cessation réelle de paiemens, mais avant sa faillite déclarée. Après quelques hésitations, la jurisprudence parait avoir admis, avec beaucoup de raison, selon moi, que le décès n'empêche pas la déclaration de faillite, puisque cette faillite n'est que la constatation d'un fait préexistant ; mais si on est d'accord sur ce point, on ne l'est plus lorsqu'il s'agit d'en tirer les conséquences légales. Il serait à désirer que l'art. 475 qui a tracé des règles pour l'un des deux cas , posât aussi des principes pour l'autre.

Art. 486.

Le Tribunal de commerce a fait observer avec beaucoup de raison sur cet article que les frais de l'inventaire dressé par le juge de paix et les expéditions qui en sont délivrées, doublent presque à eux seuls, les frais de la faillite, et il sollicite une réforme sur ce point. Il me semble qu'ici le législateur n'a rien à faire; car la loi y a pourvu. L'inconvénient signalé n'est que le résultat d'un abus que les tribunaux devraient réprimer. Le juge de paix ne peut qu'assister à l'inventaire et le signer à chaque vacation ; mais cet acte est dressé par les syndics. C'est une pièce de la faillite dont le greffier du juge de paix ne peut pas plus exiger le dépôt que le greffier du tribunal de commerce ne le pourrait pour une foule d'ordonnances émanées du juge-commissaire. Il suffit que l'acte soit enregistré pour que le vœu de la loi soit rempli, et que les intérêts des créanciers soient protégés. C'est ainsi que la chose s'est toujours pratiquée et se pratique encore dans plusieurs tribunaux de la province , où jamais les juges de paix n'ont élevé d'autres prétentions. La fermeté de MM. les Juges-commissaires suffira, je pense , pour faire disparaître un usage contraire au texte comme à l'esprit de la loi. Ce sera une notable économie.

Art. 507.

Cet article exige de chaque créancier l'affirmation de la sincérité de sa créance.

Tout le monde est bien d'accord sur ce point que la formalité du serment est inutile, et la garantie qu'elle présente aux créanciers à peu près illusoire : car cette affirmation se fait le plus souvent par un mandataire qui n'a aucune connaissance de la légitimité de la créance; et d'ailleurs il n'y a pas de raison pour que celui qui s'est présenté comme créancier, et qui s'est fait admettre au passif de la faillite, recule devant une attestation regardée généralement comme une simple formalité. Aussi sur plusieurs milliers de créances vérifiées depuis le code de commerce, on ne pourrait pas citer un seul refus de serment. Ces raisons seules suffiraient sans doute pour faire désirer la dispense d'une formalité qui ne fait qu'entraver la marche de la faillite.

Mais il est un motif bien autrement puissant pour solli-

citer le retranchement de l'article : c'est que cette formalité, la plus inutile, est devenue en même temps la plus
ruineuse pour les créanciers. En effet, les procès-verbaux
constatant soit la vérification, soit l'affirmation, sont deux
actes distincts qui doivent être rédigés séparément, et encore bien que quelques greffiers, pour simplifier leur travail, croiraient pouvoir ne rédiger qu'un seul procès-verbal pour ces deux opérations, cela ne changerait ni le
principe de la loi ni la nature des actes. Aussi les rece-
veurs d'enregistrement ne s'y trompent pas, et appliquant
la loi de ventôse an 11, ils perçoivent autant de droits qu'il
y a d'affirmations, soit qu'elles soient isolées, soit qu'elles
soient confondues dans le procès-verbal de vérification.
Cette perception est basée sur la nature de l'acte, et il n'est
pas possible de la critiquer. Tout serment, sur quelque
somme ou sur quelque chose qu'il porte, doit un droit individuel d'enregistrement; tels sont les principes de la matière. Il en est autrement de la vérification; elle ne forme
qu'un seul procès-verbal, qui n'est passible que d'un seul
droit, sans égard pour le nombre et la quotité des créances qu'il renferme... aussi chaque affirmation, ne fût-elle
que pour une créance de 10 fr. coûte 3 fr. 30 c. d'enregistrement; et si l'on ajoute le droit du greffier, qui est de 50 c.
par serment, puis le papier timbré, on obtiendra un chiffre de plus de 4 fr. pour chaque affirmation, non compris
les frais de l'expédition du procès-verbal, lorsqu'elle est
délivrée.

Ce résultat est tellement désastreux pour la masse,
qu'il n'est pas rare de voir les syndics d'une faillite engager
eux-mêmes plusieurs créanciers pour de faibles sommes,
à réunir tous leurs droits sur la tête d'un seul qui vient ensuite affirmer la sincérité d'une créance, laquelle ne lui
appartient cependant que pour une très-faible partie. Cette
espèce de fraude, pratiquée dans le but d'éviter des frais,
n'en viole pas moins la loi; d'ailleurs elle a cela d'immoral
qu'elle légalise, pour ainsi dire, le parjure; ce qui est tou-

jours fâcheux. Elle prouve aussi d'une manière décisive que la conscience publique ne voit dans l'art. 5o7 qu'une mesure purement fiscale, et non la garantie résultant de la sainteté du serment.

Il me paraît donc qu'il y a nécessité et urgence de faire disparaître une prescription qui conduit à des conséquences si déplorables.

Il est facile de s'expliquer pourquoi cette amélioration a échappé au Tribunal de commerce; c'est parce que ce tribunal a sans doute pensé que le droit individuel de 3,3o c. se percevait sur chaque vérification, et il n'osait pas proposer la suppression de cette formalité, l'une des plus utiles de la faillite; mais s'il eût acquis la conviction que la vérification ne payait et ne pouvait payer qu'un seul droit, et que c'est seulement sur les affirmations que la direction de l'enregistrement a pu réussir à asseoir la perception du droit individuel de 3,3o c.; je n'hésite pas à penser que cette réforme eût fixé dès l'abord l'attention de MM. les juges consulaires.

Je ne partage pas l'opinion de ceux qui pensent que, pour remédier aux inconvéniens que l'on se plaît à reconnaître, il suffira de faire adopter un projet de loi dont le but sera de diminuer très-sensiblement les droits d'enregistrement en matière d'affirmations de créances.

Ce serait là un correctif dont il faudrait bien se contenter si l'on ne s'occupait pas de la révision du titre des faillites.

Mais, dans les circonstances présentes, la mesure n'atteindrait que très-imparfaitement le but proposé, et on pourrait d'ailleurs la combattre avec avantage par des considérations tirées de l'inopportunité et des inconvéniens de ce mode de réforme.

En effet, je dis que l'on n'obtiendrait que très-incomplètement le but proposé parce que, l'art. 5o7 subsistant toujours, et la formalité du serment devant être accomplie, on n'aura simplifié en rien les opérations déjà si compliquées, et la masse aura encore à supporter des frais assez considérables , surtout dans les villes (et cela a lieu presque partout) où les greffiers, conformément aux articles 505-503 et 507, rédigent deux procès-verbaux, l'un pour la vérification, l'autre pour l'affirmation. En outre, et ceci est grave, il n'est pas moral, et il est même toujours dangereux d'habituer les hommes à se jouer impunément de la sainteté du serment et d'énerver ainsi le sentiment religieux. Or l'expérience n'a que trop prouvé, et le fait notoire que j'ai signalé démontre jusqu'à l'évidence, que la conscience publique, à tort ou à raison, répugne à voir autre chose qu'une formalité dans l'affirmation prescrite par l'art. 507. S'il en est ainsi, il faut se hâter de faire disparaître cet article. Il y aurait danger à le maintenir plus long-temps.

Je crois aussi que le mode de réforme proposé aurait des inconvéniens, d'abord en ce qu'il introduirait, sans nécessité, une loi nouvelle dans nos recueils, déjà si volumineux, et puis parce que la réforme porterait, non pas sur le code de commerce, mais sur la loi de l'enregistrement, et c'est toujours une chose fâcheuse que de voir modifier une loi organique à propos d'actes particuliers. En législation, tout doit se coordonner; les exceptions faites à des principes généraux doivent, autant que possible, se trouver dans la loi même qui proclame le principe. Une tendance ou une pratique contraire rendrait impossible l'étude des lois, déjà si difficile. On ne saurait plus où trouver la règle, où reconnaitre l'exception... Il n'est jamais arrivé que l'on se soit écarté de cette méthode logique sans que l'étude des lois en ait souffert... Eh bien! ce que l'on propose a précisément l'inconvénient déploré par tous les bons esprits. On veut faire réformer la loi de l'enregistrement à l'occasion d'un article du code de commerce ! Cette manière de procéder ne me paraît pas du tout rationnelle.

Il y a une chose beaucoup plus simple et plus logique

à faire; c'est de retrancher l'art. 507, et la perception, n'ayant plus d'assiette, cessera. Nous y gagnerons un principe conservé, et une loi de moins à faire, ce qui n'est pas à dédaigner.

Art. 519.

La loi exige le concours d'un nombre de créanciers formant la majorité, c'est à dire que chaque créancier ait une voix dans les délibérations du concordat; cela paraît très-juste lorsque ces créanciers assistent en personne à l'assemblée ; mais une logique inflexible a tiré du principe une conséquence dont les résultats sont déplorables. Le mandataire, dit-on, est l'image de son mandant. Si donc le même mandataire représente plusieurs personnes , son suffrage comptera pour autant de voix qu'il a de pouvoirs; puis il est arrivé, et il arrive tous les jours que, soit par la faiblesse de quelques créanciers, soit par des manœuvres et des intelligences coupables , il se présente au concordat un ou deux individus faisant à eux seuls la majorité, et imposant ainsi aux autres des conditions dont ils sont les maîtres absolus

Cet abus est d'autant plus fâcheux qu'il affecte l'acte le plus solennel et le plus important de la faillite. Il me paraît d'ailleurs totalement opposé, sinon à la lettre, du moins à l'esprit sainement entendu de la loi.

Le législateur qui a fait produire au concordat l'effet le plus exorbitant du droit commun, celui de lier, non seulement les créanciers qui n'y ont pas été parties, mais encore les opposans, devait environner ce contrat de toutes les garanties possibles pour que le vœu de la majorité ne fût pas faussé; de-là les dispositions des art. 520, 521, 522. Il a dû vouloir par-dessus tout *une délibération sérieuse* , dans laquelle chaque opinion pût se produire , et exercer sur le vote de l'assemblée une influence non seulement matérielle, mais encore morale. Or comment tout cela est-il possible avec les votes par procurations réunies dans la même main? Comment la minorité pourra-t-elle espérer de ramener à elle la majorité, et même de se faire écouter dans ces simulacres de délibérations où une personne vient, avec une opinion arrêtée à l'avance , et forme à elle seule la majorité, non seulement en somme, mais encore en nombre? Et puis combien n'est-il pas facile au failli de se créer ainsi à l'avance une majorité factice, dictant des lois aux créanciers sérieux qui forment souvent la minorité?

Ces considérations sont fort graves sans doute , et cependant la lettre de l'art. 519 les repousse. Il est à désirer que par une disposition additionnelle, on proclame ce principe *que tous les pouvoirs donnés à la même personne ne représenteront qu'une voix dans la délibération.* Ce sera une peine légère infligée aux absens, qui produira l'effet salutaire de rendre les créanciers sérieux plus vigilans sur leurs intérêts, et la mesure n'aura rien de violent, car elle n'est que l'application de ce principe d'équité : *vigilantibus jura succurrunt.*

D'ailleurs elle me paraît parfaitement dans l'esprit de la loi qui n'a pas égard seulement à l'importance des créances, mais qui exige en outre une majorité numérique de voix.

Peut-être objectera-t-on que la précaution que j'indique n'empêchera pas les fraudes. Je conviens qu'elles seront encore possibles, mais elle seront bien moins praticables; car s'il est facile quelquefois de trouver une ou deux personnes complaisantes, il ne l'est pas autant d'en rencontrer un assez grand nombre pour former une majorité; et puis ces connivences, lorsqu'elles se machinent entre plusieurs personnes, présentent assez de dangers pour effrayer les complices. Enfin n'y gagna-t-on que ce résultat, que la délibération sera sérieuse et contradictoire, on se sera rapproché de l'intention du législateur.

C'est sur la 1re disposition de l'art. 519 que la Cour de cassation s'est fondée pour décider que la fixation provi-

soire de l'époque de l'ouverture d'une faillite devenait définitive, en cas de concordat, et qu'il n'était plus permis
de la critiquer ultérieurement. Cette conséquence,un peu
éloignée du principe proclamé par l'art. 519 prouve combien la Cour suprême avait à cœur de combler la lacune
qui existe à cet égard dans la loi. Le Tribunal de commerce a fort bien fait sentir, dans ses observations sur
l'art. 457, les inconvéniens de cet état de choses, et il
a proposé des vues que je désirerais volontiers voir accueillir.

Art. 523.

Il s'est élevé une difficulté assez grave sur l'application de cet article combiné avec l'article suivant. On s'est
demandé si un créancier qui n'aurait pas formé opposition au concordat dans la huitaine, et qui même y aurait
consenti, pourrait l'attaquer après l'homologation, en se
fondant sur une fraude découverte postérieurement. La
Cour de cassation a jugé avec beaucoup de raison (1)
qu'il s'agissait ici d'une action en rescision d'un contrat,
plutôt que d'une attaque dirigée contre le jugement d'homologation, d'où la conséquence qu'il fallait appliquer les
principes de l'art. 1304 du code civil. Loin de m'élever
contre une décision que je considère comme empreinte
d'une haute morale, et éminemment protectrice des droits
des créanciers, je regrette au contraire que le principe
n'en soit pas posé dans l'art. 523 lui-même, afin que les
créanciers et le failli connaissent bien leurs droits et leurs
obligations; du reste la question est assez délicate, et l'o-
pinion contraire à celle qui a prévalu trouverait encore
assez de partisans, pour qu'il soit utile que le législateur
intervienne.

Art. 524.

Cet article porte que l'homologation rend le concordat

(1) Arrêt du 11 décembre 1827.